Easy Writing Output!

Kazuya Kito
Masaaki Ogura

JN125977

KINSEIDO

Kinseido Publishing Co., Ltd.

3-21 Kanda Jimbo-cho, Chiyoda-ku,

Tokyo 101-0051, Japan

First published 2021 by Kinseido Publishing Co., Ltd.

Cover design   Takayuki Minegishi
Photo   © 八ヶ岳アルパカ牧場（p.33 右）

 音声ファイル無料ダウンロード

http://www.kinsei-do.co.jp/download/4122

この教科書で DL 00 の表示がある箇所の音声は、上記 URL または QR コードにて無料でダウンロードできます。自習用音声としてご活用ください。

▶ PC からのダウンロードをお勧めします。スマートフォンなどでダウンロードされる場合は、**ダウンロード前に「解凍アプリ」をインストール**してください。

▶ URL は、**検索ボックスではなくアドレスバー（URL 表示欄）**に入力してください。

▶ お使いのネットワーク環境によっては、ダウンロードできない場合があります。

⊙ **CD 00**　左記の表示がある箇所の音声は、教室用 CD（Class Audio CD）に収録されています。

　エッセイを書くことは難しい。そのような苦手意識を持つ人は多いと思います。その苦手意識を克服するために本書があります。

　エッセイで最初につまずくのは書くべきことの整理かもしれません。その練習をこのテキストで行ってみましょう。アイデアを書き出し、センテンスで表現し、並べていく――ステップを踏むだけで、エッセイが完成するように構成されています。雛形を真似しながら学び、ルーティンにしていくことでライティングへのハードルが低くなることを目指しました。

　本書は、各ユニットの前半はインプット、後半はアウトプットに焦点を当てています。

　まずは Listening で文法、語彙、そして英文の流れを学びましょう。音声を聞き、穴埋め問題をこなしていきます。肝心なのはインプットをすること、型を身につけることです。正確な知識は創造の土台になります。次の Grammar Point では、必要な文法のポイントを学び、Task 1 では Listening で扱った文から抜き出しましょう。Task 2 では並べ替え問題を行います。Let's Try! では日本語をヒントに単語を埋めましょう。

　型をおさえたら次のステージへ。Output のセクションでは Brainstorm でエッセイを書く準備を行います。Step 1 の Mind Mapping では、アイデアを整理しましょう。アイデアを書き出したら、Step 2 でいくつかの質問に答え、エッセイで使用できる英文を作ります。Step 3 では、ペアワークを通して、エッセイの内容を充実させていきます。ここまで出来たら準備完了。Write an Essay では、Listening でのモデルエッセイを参考にしながら、最終的に自分のエッセイを完成させ、発表するところまでが 1 ユニットです。インプットからアウトプット、協同学習を通して 4 技能の基礎訓練ができるエッセイライティングの本になっています。

　本書での様々な活動が、英語エッセイへの苦手意識を自信に変え、英語学習をさらに進めていくきっかけになることを願っています。

著者一同

Contents •

Introduction

How to Use This Textbook

この教科書の使い方【名詞】

🧊 Listening

 DL 02 CD 02

次の英文を音声で聞き、（　　）に入る語を記入してみましょう。

How to Use This Textbook

In this textbook, you will learn how to write (1.　　　　). In this unit, you will learn how to use this textbook. You will go through many (2.　　　　　) in the textbook.

> ▶▶まずモデルエッセイをリスニング
>
> 最初にモデルエッセイを聞いて穴埋め問題に挑戦します。これは各ユニットの最後に書くエッセイの模範になります。クッキーを焼くときに使う型のようなものです。雛形になりますので、しっかりと聞いて理解するようにしましょう。

Grammar Point　　名詞

名詞には数えられる名詞と数えられない名詞があります。

◆可算名詞 →複数の場合は原則として-s(es) をつけます。

（単）apple →（複）apples　（単）box →（複）boxes　（単）city →（複）cities

（例）I have two **textbooks** today.

◆不可算名詞 →多い・少ないは much、a little で表します。

furniture / baggage / music / money / water / health

（例）I don't have <u>much</u> **money**.

> ▶▶ユニットで学ぶ文法項目を簡潔に押さえる
>
> Grammar Point ではこのユニットで使う文法項目が簡潔に説明されていますので、要点を理解しましょう。実際にエッセイを書くときはこの文法項目を意識して書くようにしてください。次からは、この項目を試すエクササイズが始まります。

🔲 Grammar Task 1

Listening の英文から名詞を 2 つ書き出し（重複するものは 1 つだけ抜き出す）、その意味を日本語で書いてみましょう。

1. 名詞 ＿＿＿＿＿＿＿＿ 意味 (　　　　　　　　　　　) 2. 名詞 ＿＿＿＿＿＿ 意味 (　　　　　　　　　　　)

> ▶▶ Listening のエッセイのどこがポイントか
> ここでは Listening のエッセイの中からこの章の文法ポイントが使われている箇所を抜き出します。

🔲 Grammar Task 2

（　　　）内の語句を並べ替えて、英文を完成させましょう。

1. (sweet / cousin / likes / foods / her).

＿＿＿＿＿＿＿＿＿＿＿＿＿＿＿＿＿＿＿＿＿＿＿＿＿＿＿＿＿＿＿＿

> ▶▶ 文単位でポイントを理解する
> 文法ポイントを実際の文に当てはめて確認します。この文を組み立てる練習が、後のエッセイライティングに活かされます。型を学んで応用力をつけましょう。

🔲 Let's Try!

日本語に合うように（　　　）に入る単語を記入してみましょう。

1. 私にパンをいくつか買ってきてもらえますか。

Can you buy (　　　　　　　　) (　　　　　　　　　　) for me?

> ▶▶ 抜けている部分＝ポイントを補えるか
> ここでは、Grammar Task1、2 よりも少し高度な問題に挑戦します。日本語をヒントに抜けている部分を英語で補い、文を完成させます。もちろん、抜けている部分がここで学ぶべきポイントです。そこに焦点を当て、文法学習の総仕上げをします。

Brainstorm 「教科書の使い方」について、情報を整理していきます。

> ▶▶エッセイを書くための情報の整理、洗い出しを行う
> エッセイを書くために必要なアイデアを出して、整理をする場所です。エッセイのアイデアを思いつくままに書き出し、情報整理を行い、エッセイの骨子をかためます。

Step 1 Mind Mapping

例を参考にして、「教科書の使い方」に関する自分の情報をマインドマップに整理してみましょう。

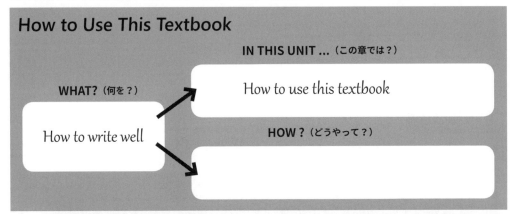

> まずアイデアをどんどん出していきます。頭のなかのモヤモヤを文字化し、スペースを埋めます。主に5W1Hをイメージしながらエッセイの構造を考えます。今回は練習として、Howの1つを埋めてみましょう。

Step 2 Organizing Your Thoughts

Step 1でまとめた内容を見ながら、以下の質問に答えましょう。

❶ How can you learn how to use this textbook in this unit?

_____

> Step 2ではマインドマップにまとめた情報をもとに文にしてみます。質問に答えながら、エッセイに書く内容を文にしてみましょう。

Step 3 Reflection

ペアを組み、Step 2の質問をお互い声に出して読んでみましょう。聞く側の人は質問についてさらに知りたいことを質問してみましょう。やりとりする中で追加したい内容をマインドマップに付け足してください。

> Step 2で書いた答えをペアで発音して、シェアします。発音練習、ペアどうしによる確認が入ることで、内容にさらに磨きをかけます。

🔷 Write an Essay

前ページでまとめた内容を活用し、ヒントを参考にしながら下線部を補って自分の「教科書の使い方」について書いてみましょう。終わったら CHECKLIST の各項目を満たしているかも確認しましょう。

How to Use This Textbook

In this textbook, you will learn how to write well. In this unit, you will learn

how to use this textbook. You will _____
<small>この教科書でどんなことをするか</small>

_____ in this textbook.

CHECKLIST
- ☐ 名詞は正しく使えているか
- ☐ スペルを辞書で確認したか

> ▶▶ヒントをもとにエッセイを完成！
> 前ページで整理した情報をもとに、最後はエッセイを完成させます。冒頭の Listening の英文の骨組みを使いながら、文法項目を活用して自分の情報を足していきます。日本語のヒントを頼りに書いてみましょう。そのあとで CHECKLIST の項目を満たしているかもチェックします。

● 完成したら、文をクラスの前で発表してみましょう。発表者以外の人はその文を聞いて、次の問いに答えましょう。

発表者 _____

1. この教科書ではどんなことをしますか？
[   ]

> 完成した文章をクラスの前で発表します。発表者以外は内容を聞いて、簡単な質問に答えてください。口頭での発表が難しいのであれば、完成したエッセイを書いた文をカードにして配り、各自が配られた文を読み、それについての質問に答えるような形式にしても面白いでしょう。

Unit 1

My Favorite Place 1

好きな場所を大まかに説明する【動詞の現在形】

🧊 Listening

🎧 DL 03　💿 CD 03

次の英文を音声で聞き、（　　）に入る語を記入してみましょう。

My Favorite Place

My favorite place (1.　　　　) a park near my house. Every Monday, I (2.　　　) there before my English class. I sometimes go there with my friends.

I (3.　　　　) the place because I can get some fresh air and start my day off on the right track. In the park, I usually (4.　　　) on the bench.

To summarize, my favorite place to relax (5.　　　　) the park in my neighborhood.

Grammar Point ╱ 動詞の現在形

◆ be 動詞
主語の人や物の状態や性質を表します。 I **am**, You **are**, He/She/It **is**, We/They **are**

◆ 一般動詞
be 動詞以外の動詞で動作、状態、性質を表します。
（例）I **sit** on the bench. / She **likes** parks.

（疑問文）
be 動詞の場合　→ be 動詞を前に出します。　（例）**Are** you happy?
一般動詞の場合 → do/does を文頭につけ、動詞を原形にもどします。
（例）**Do** you like parks? / **Does** he play tennis?
（否定文）
be 動詞の場合　→ be 動詞の直後に not をつけます。　（例）I'**m not** sad.
一般動詞の場合 →動詞を原形にして前に do not/does not をつけます。
（例）I **do not** [**don't**] like movies. / She **doesn't** play tennis.

5

🎲 Grammar Task 1

Listening の英文から現在形の動詞を 5 つ書き出し（重複するものは 1 つだけ抜き出す）、その意味を日本語で書いてみましょう。

1. 動詞＿＿＿＿＿＿ 意味（　　　　　　　　）　2. 動詞＿＿＿＿＿＿ 意味（　　　　　　　　）

3. 動詞＿＿＿＿＿＿ 意味（　　　　　　　　）　4. 動詞＿＿＿＿＿＿ 意味（　　　　　　　　）

5. 動詞＿＿＿＿＿＿ 意味（　　　　　　　　）

🎲 Grammar Task 2

（　　　）内の語句を並べ替えて、英文を完成させましょう。

1. (is / his / restaurant / Hungry Joe's / favorite).

_____

2. (is / hamburger / big / very / this).

_____

3. (Ayako / play / to / likes / in / basketball / school).

_____

🎲 Let's Try!

日本語に合うように（　　　）に入る単語を記入してみましょう。

1. 私はピクニックへ行くことが好きです。

   I (　　　　　　　) to (　　　　　　　) on a picnic.

2. エヴァンは週末に野球をします。

   Evan (　　　　　　　) (　　　　　　　) on weekends.

3. 私は放課後に叔母の家には行きません。

   I (　　　　　) (　　　　　) (　　　　　　　) to my aunt's house after school.

4. 彼の祖父はたいていその椅子に座ります。

   His grandfather usually (　　　　　　　) on the (　　　　　　　).

5. あなたは毎晩勉強をしますか。

   (　　　　　　) (　　　　　　) (　　　　　　　) every night?

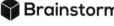 Brainstorm 自分の Favorite Place について、情報を整理していきます。

Step 1 Mind Mapping

例を参考にして、Favorite Place に関する自分の情報をマインドマップに整理してみましょう。

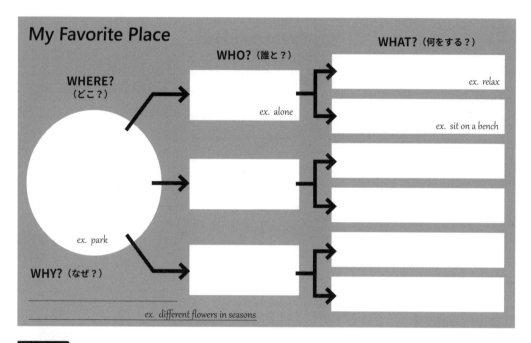

Step 2 Organizing Your Thoughts

Step 1 でまとめた内容を見ながら、以下の質問に答えましょう。

❶ What (Where) is your favorite place? _____

❷ Who do you often go there with?

   I often go there _____.

❸ What do you usually do there?

   I usually _____.

❹ Why is it so special?

_____

Step 3 Reflection

ペアを組み、Step 2 の❶〜❹をお互い声に出して読んでみましょう。聞く側の人は❶〜❹についてさらに知りたいことを質問してみましょう。やりとりする中で追加したい内容をマインドマップに付け足してください。

 **Write an Essay**

前ページでまとめた内容を活用し、ヒントを参考にしながら下線部を補って自分の Favorite Place について書いてみましょう。終わったら CHECKLIST の各項目を満たしているかも確認しましょう。

My Favorite Place

My favorite place _____. Every _____,
_{好きな場所は？動詞も忘れずに}   _{毎〜（いつ？）}

I _____. I sometimes _____
_{より詳しい時間を書く}   _{そこへ誰と行く？}

_____.

I like the place _____.
_{その場所が好きな理由は？}

To summarize, _____
_{最後にまとめる意味で、好きな場所や理由について}

_____.

CHECKLIST

☐ 動詞はしっかり使えたか   ☐ 主語と動詞が各文に含まれているか
☐ スペルを辞書で確認したか   ☐ 書きたい内容をすべて入れたか
☐ 文と文の内容はつながっているか

● 完成したら、文をグループで発表してみましょう。発表者以外の人はその文を聞いて、問いに答えましょう。

発表者 _____

1. 好きな場所は？   [   ]

2. そこへいつ行くのか？   [   ]

3. そこへ誰と行くのか？   [   ]

4. なぜそこが好きなのか？
　　　[   ]

Unit 2

My Favorite Place 2

好きな場所を詳しく説明する【接続詞】

🔲 Listening

🎧 DL 04　💿 CD 04

次の英文を音声で聞き、(　　) に入る語を記入してみましょう。

My Favorite Place

I like to visit my uncle's house. My uncle lives in Hachinohe in Aomori, (1.　　　　) I can only see him in the summertime. In the winter, Hachinohe is covered with snow, (2.　　　) it is very cold.

(3.　　　　) I go to my uncle's place in Hachinohe, I go by highway bus (4.　　　　) it is cheap.

My favorite place to visit in Hachinohe is the ramen shop near my uncle's house. I want to go to my uncle's house (5.　　) go eat ramen.

Grammar Point ╱ 接続詞

接続詞は、2つの語句や文を結びつける役割を果たします。接続詞には「等位接続詞」と「従位接続詞」があります。

◆等位接続詞＝対等な関係で結ぶ

語と語（例）Tom **and** Sam are friends.

句と句（例）I go to Utsunomiya to eat ramen **or** to eat dumplings.

文と文（例）I ride the bus **but** it takes ten hours to Hachinohe.

◆従位接続詞＝後に主語（S）と動詞（V）が必要

（例）I usually listen to music **while** I ride the bus.
　　　　　　　　　　　　　　　　　　　S　 V

（例）I go to Hachinohe **because** I like to visit my uncle.
　　　　　　　　　　　　　　　　 S　 V

🎁 Grammar Task 1

Listening の英文から接続詞を 4 つ書き出し（重複するものは 1 つだけ抜き出す）、
その意味を日本語で書いてみましょう。

1. 接続詞 ＿＿＿＿＿ 意味 （　　　　　　　） **2.** 接続詞 ＿＿＿＿＿ 意味 （　　　　　　　）

3. 接続詞 ＿＿＿＿＿ 意味 （　　　　　　　） **4.** 接続詞 ＿＿＿＿＿ 意味 （　　　　　　　）

🎁 Grammar Task 2

（　　　）内の語句を並べ替えて、英文を完成させましょう。

1. (hiking / my / like / and / I / brother).

＿＿＿＿＿＿＿＿＿＿＿＿＿＿＿＿＿＿＿＿＿＿＿＿＿＿＿＿＿＿＿＿＿＿＿＿＿＿

2. (a good place / to go / scuba diving / to go / Sendai / is / or) fishing.

＿＿＿＿＿＿＿＿＿＿＿＿＿＿＿＿＿＿＿＿＿＿＿＿＿＿＿＿＿＿＿＿＿＿＿＿＿＿

3. (I / the park / go to / when / read / I) a book.

＿＿＿＿＿＿＿＿＿＿＿＿＿＿＿＿＿＿＿＿＿＿＿＿＿＿＿＿＿＿＿＿＿＿＿＿＿＿

🎁 Let's Try!

日本語に合うように（　　）に入る単語を記入してみましょう。

1. トモと私はどちらもラーメンが好きです。

　　Tomo (　　　　) I both (　　　　) ramen.

2. 私は東京へ行く時、祖父母を訪ねます。

　　(　　　　　) (　　　　) (　　　　) to Tokyo, I visit my grandparents.

3. 私はランチにラーメンか寿司を食べたいです。

　　I want to eat ramen (　　　　) sushi for (　　　　　　).

4. 平野なので京都はとても暑いです。

　　It is very hot in Kyoto (　　　　　　) it is a flat plain.

5. 私は博多が好きですが、行くのにとてもお金がかかります。

　　I like Hakata (　　　　) it is very expensive to (　　　　) there.

◆ Brainstorm　自分の Favorite Place について、情報を整理していきます。

Step 1　Mind Mapping

例を参考にして、Favorite Place に関する自分の情報をマインドマップに整理してみましょう。

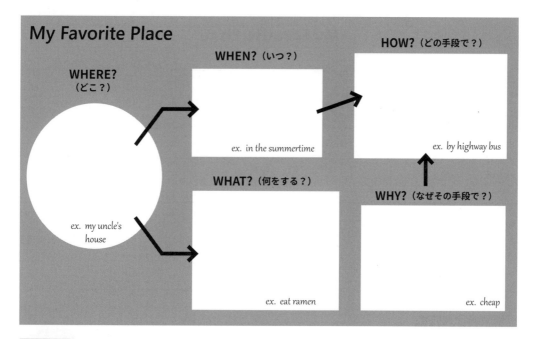

My Favorite Place

WHERE?（どこ？）

ex. my uncle's house

WHEN?（いつ？）

ex. in the summertime

HOW?（どの手段で？）

ex. by highway bus

WHAT?（何をする？）

ex. eat ramen

WHY?（なぜその手段で？）

ex. cheap

Step 2　Organizing Your Thoughts

Step 1 でまとめた内容を見ながら、以下の質問に答えましょう。

❶ What（Where）is your favorite place? ＿＿＿＿＿＿＿＿＿＿＿＿＿＿＿＿＿＿

❷ When do you go there?

　I go there ＿＿＿＿＿＿＿＿＿＿＿＿＿＿＿＿＿＿＿＿＿＿＿＿＿＿＿＿＿.

❸ How do you go there?

　When I go there, I often go ＿＿＿＿＿＿＿＿＿＿＿＿＿＿＿＿＿＿＿＿.

❹ What do you do there?

　＿＿＿＿＿＿＿＿＿＿＿＿＿＿＿＿＿＿＿＿＿＿＿＿＿＿＿＿＿＿＿＿＿

Step 3　Reflection

ペアを組み、Step 2 の❶～❹の文をお互い声に出して読んでみましょう。聞く側の人は❶～❹について更に知りたいことを質問してみましょう。やりとりする中で追加したい内容をマインドマップに付け足してください。

11

 **Write an Essay**

前ページでまとめた内容を活用し、ヒントを参考にしながら下線部を補って自分の Favorite Place について書いてみましょう。終わったら CHECKLIST の各項目を満たしているかも確認しましょう。

My Favorite Place

I like to visit _____. I can only go there ____
どこ？   いつ？

_____.

When I go there, I _____ because
どのような交通手段で？

_____.
その理由は？

My favorite place is _____, and I want to
どこ？

_____.
そこで何をしたい？

● 完成したら、文をグループで発表してみましょう。発表者以外の人はその文を聞いて、問いに答えましょう。

発表者 _____

1. 好きな場所は？   [   ]

2. そこへはどうやって行くか？

[   ]

3. なぜ２の手段で行くか？   [   ]

4. そこでは具体的に何をするか？

[   ]

Unit 3

My Routine

日頃の習慣を説明する【順序を表す表現】

🔳 Listening

🎧 DL 05 💿 CD 05

次の英文を音声で聞き、（　　）に入る語を記入してみましょう。

My Routine

I want to tell you about my routine. (¹.　　　　), I wake up in the morning around 7:00 AM. (².　　　　), I take a quick shower. (³.　　　　) (⁴.　　　　), I eat my breakfast. (⁵.　　　　), I pack my bag for the day and leave for school at 8:30 AM.

That is my normal weekday routine.

Grammar Point / 順序を表す表現

1. First, In the beginning, Firstly, To start, To begin＝出来事や説明の導入
   （例）**First**, I wake up at 7:00 AM.（まず午前 7 時に起きる）
2. Then, After that, Next＝2 番目以降に何かを説明する
   （例）**After that**, I take a shower.（そのあと、シャワーを浴びる）
3. Finally, At last, Afterward＝出来事や説明の終わりに使う
   （例）**At last**, I go to bed.（最後に、眠りにつきます）

（その他）
Previously, In the past＝以前に起きた出来事などを説明する
   （例）**Previously**, that place was a kindergarten.（以前、あの場所は幼稚園だった）
Suddenly, Unexpectedly, All of a sudden＝突然起きた出来事を説明する
   （例）**Suddenly**, a cat jumped in front of me.（突然、目の前で猫が飛び跳ねた）
During, At the same time ＝同時に起きた出来事を説明する
   （例）We watched the accident **at the same time**.（私たちは同時に事件を目撃した）

🧊 Grammar Task 1

Listening の英文から順序を表す語句を 4 つ書き出し（重複するものは 1 つだけ抜き出す）、その意味を日本語で書いてみましょう。

1. 順序 ＿＿＿＿＿＿＿ 意味（　　　　　　）　　2. 順序 ＿＿＿＿＿＿＿ 意味（　　　　　　）

3. 順序 ＿＿＿＿＿＿＿ 意味（　　　　　　）　　4. 順序 ＿＿＿＿＿＿＿ 意味（　　　　　　）

🧊 Grammar Task 2

（　　）内の語句を並べ替えて、英文を完成させましょう。

1. (in / wake / first, / I / up / eight / at) the morning.

_____

2. (eat / I / at / breakfast / then,) 10:00 AM.

_____

3. (to / 11:00 PM / go / bed / after that, / at / I) .

_____

🧊 Let's Try!

日本語に合うように（　　　）に入る単語を記入してみましょう。

1. そのあと、私はスペイン語の授業に行きます。

　（　　　　　　　）（　　　　　　　　　）, I go to my Spanish class.

2. 次に、歩いてアルバイトに行きます。

　（　　　　　）, I（　　　　　　　　）to my part time job.

3. 最初に、起きてシャワーを浴びます。

　（　　　　　　　）, I get up and（　　　　　　）a shower.

4. そして、家に帰ります。

　（　　　　　　　）, I（　　　　　）home.

5. 最後にベッドで本を読みます。

　（　　　　　）（　　　　　　　　）, I read a book in bed.

14

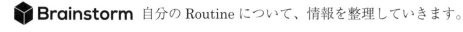

Brainstorm 自分の Routine について、情報を整理していきます。

Step 1 Mind Mapping

例を参考にして、Routine に関する自分の情報をマインドマップに整理してみましょう。

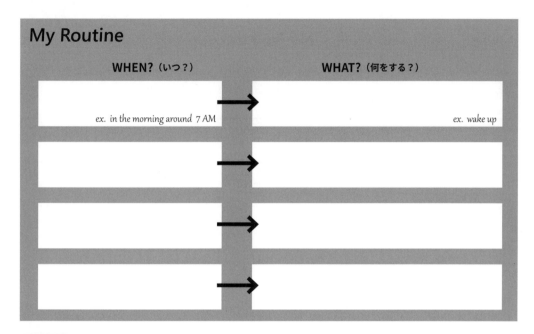

My Routine

WHEN?（いつ？）

ex. in the morning around 7 AM

WHAT?（何をする？）

ex. wake up

Step 2 Organizing Your Thoughts

Step 1 でまとめた内容を見ながら、以下の質問に答えましょう。

❶ What do you do first?

First, _____.

❷ What do you do next?

Next, _____.

❸ What do you do after that?

After that, _____.

❹ What do you do at the end?

_____

Step 3 Reflection

ペアを組み、Step 2 の❶〜❹の文をお互い声に出して読んでみましょう。聞く側の人は❶〜❹について更に知りたいことを質問してみましょう。やりとりする中で追加したい内容をマインドマップに付け足してください。

🔲 Write an Essay

前ページでまとめた内容を活用し、ヒントを参考にしながら下線部を補って自分のRoutineについて書いてみましょう。終わったらCHECKLISTの各項目を満たしているかも確認しましょう。

My Routine

I want to tell you about my routine on _____. First, I
_{平日 or 週末?}

_____. _____
_{最初に何をいつする?}   _{次に(2番目に)}

_____, I _____
            _{2番目にすることは?}

_____. After that, _____
                     _{そのあと(3番目)にすることは?}

_____. _____, I _____
            _{最後に}   _{最後にすることは?}

_____.

     That is my normal _____.
                              _{まとめ}

CHECKLIST

- ☐ 順番の表現を正しく使えているか
- ☐ 分からない単語を辞書で確認したか
- ☐ 文と文の内容はつながっているか
- ☐ 主語と動詞がすべての文に含まれているか
- ☐ 伝えたい内容をすべて入れたか

● 完成したら、文をグループで発表してみましょう。発表者以外の人はその文を聞いて、問いに答えましょう。

発表者 _____

1. いつの、どんなRoutineでしたか?
いつ [　　　　　　　　　　　　]
Routineの内容 [　　　　　　　　　　　　　　　　　　]

2. 今回のRoutineについてどう思いますか?
[　　　　　　　　　　　　　　　　　　　　　　　　　]

Unit 4

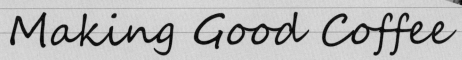

Making Good Coffee

ものを作る手順を説明する【まとめ❶】

🔲 Listening

🎧 DL 06 ⚪ CD 06

次の英文を音声で聞き、（　　）に入る語を記入してみましょう。

Making Good Coffee

I want to explain about making good coffee, (1.　　　　) please follow me. You'll need to prepare some coffee beans and some kitchenware.

(2.　　　　), buy some fresh coffee beans at your favorite coffee shop. (3.　　　　), boil 600 milliliters of water. Third, (4.　　　) 30 grams of coffee beans. Next, (5.　　　) the paper filter in the dripper. Then, add the ground coffee to the filter. (6.　　　　) (7.　　　　), pour the boiled water into the filter. Use only 350 milliliters of water for your coffee, and pour the water in four times. Do not pour it all at once (8.　　　　) the coffee will lose the aroma. (9.　　　　), smell the elegant aroma of your fresh coffee and enjoy!

Grammar Point ╱ まとめ❶ 動詞の現在形、接続詞、順序を表す表現

ここでは、Unit 1〜3 で学習した項目を復習します。

◆be 動詞は状態や性質、一般動詞は動作、状態、性質を表します。
　（例）I **am** a coffee lover. / Jake **likes** coffee so much.
◆接続詞は語と語、文と文をつなぐ役割をします。等位接続詞と従位接続詞があります。
　（例）I like coffee **and** tea.
　（例）I like to read books **but** I don't like to write.
◆順序の表現は複数の事柄を書く（話す）ときに必要な表現です。最初や最後など。
　（例）**First,** I go to a nearby grocery store to buy some coffee beans.
　（例）**Finally,** enjoy your pancakes.

17

◆ Grammar Task 1

Listening の英文から動詞の現在形、接続詞、順序を表す語を 2 つずつ書き出し（重複するものは 1 つだけ抜き出す）、その意味を日本語で書いてみましょう。

1. 動詞＿＿＿＿＿＿ 意味（   ）   2. 動詞＿＿＿＿＿＿ 意味（   ）

3. 接続詞＿＿＿＿＿ 意味（   ）   4. 接続詞＿＿＿＿＿ 意味（   ）

5. 順序＿＿＿＿＿＿ 意味（   ）   6. 順序＿＿＿＿＿＿ 意味（   ）

◆ Grammar Task 2

（   ）内の語句を並べ替えて、英文を完成させましょう。

1. (am / green / lover / I / tea / a).

＿＿＿＿＿＿＿＿＿＿＿＿＿＿＿＿＿＿＿＿＿＿＿＿＿＿＿＿＿＿＿＿＿＿＿

2. You need (a kettle / prepare / to / and / coffee / some) beans.

＿＿＿＿＿＿＿＿＿＿＿＿＿＿＿＿＿＿＿＿＿＿＿＿＿＿＿＿＿＿＿＿＿＿＿

3. (that, / ketchup / some / and / after / put) mustard on your hot dog.

＿＿＿＿＿＿＿＿＿＿＿＿＿＿＿＿＿＿＿＿＿＿＿＿＿＿＿＿＿＿＿＿＿＿＿

◆ Let's Try!

日本語に合うように（   ）に入る単語を記入してみましょう。

1. 3 番目に、砂糖 200 グラムを加えます。

   (   ), add 200 grams of (   ).

2. バナナを買うために食料品店へ行きたいです。

   I (   ) (   ) go to the grocery store (   ) I can get some

   bananas.

3. あなたのスープには、熱湯かぬるま湯をお使いください。

   (   ) use hot water (   ) lukewarm water for your soup.

4. 私は毎朝、新鮮な牛乳を買います。

   I (   ) some fresh milk (   ) morning.

5. 私はティータイムに紅茶とおいしいケーキを用意するのが好きです。

   I like to prepare some tea (   ) delicious cake for my tea time.

18

📦 Brainstorm 「何かを作る手順」について、情報を整理していきます。

Step 1 Mind Mapping

例を参考に、「何かを作る手順」に関する情報をマインドマップに整理してみましょう。

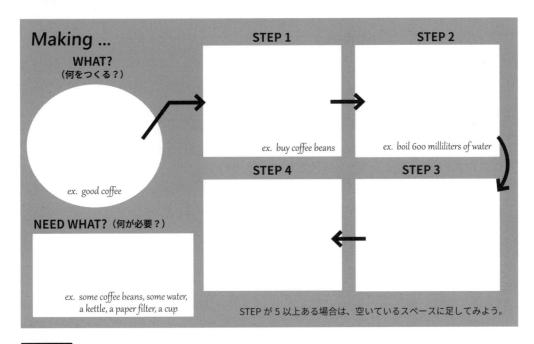

Making ...
WHAT?
（何をつくる？）

ex. good coffee

NEED WHAT?（何が必要？）

ex. some coffee beans, some water,
a kettle, a paper filter, a cup

STEP 1

ex. buy coffee beans

STEP 2

ex. boil 600 milliliters of water

STEP 4

STEP 3

STEP が 5 以上ある場合は、空いているスペースに足してみよう。

Step 2 Organizing Your Thoughts

Step 1 でまとめた内容を見ながら、以下の質問に答えましょう。

❶ What will you make? _____

❷ How many steps are there?

　There are _____.

❸ What do you need for making it?

_____

❹ What do you need to do at the end?

_____

Step 3 Reflection

ペアを組み、Step 2 の❶〜❹の文をお互い声に出して読んでみましょう。聞く側の人は❶〜❹について更に知りたいことを質問してみましょう。やりとりする中で追加したい内容をマインドマップに付け足してください。

🎲 Write an Essay

前ページでまとめた内容を活用し、ヒントを参考にしながら下線部を補って「何かを作る手順」について書いてみましょう。終わったら CHECKLIST の各項目を満たしているかも確認しましょう。

Making _____
_{作るもの}

I want to explain to you how to make _____, so please
_{作るもの}

follow me. You'll need _____
_{必要な道具や材料(接続詞を使って)}

_____.

First, _____.
_{最初の手順}

_____, _____,
_{Firstのあとは?}　　　　_{2番目の手順}

After that, _____.
_{3番目の手順}

Finally, _____!
_{最後の手順}

● 完成したら、文をグループで発表してみましょう。発表者以外の人はその文を聞いて、問いに答えましょう。

発表者 _____

1. 何を作るための手順でしたか?

[　　　　　　　　　　　　　　　　　　　　　　]

2. 手順はいくつありましたか?　　[　　　　　　　　　　　　　　]

3. 内容についてはどう思いましたか?

[　　　　　　　　　　　　　　　　　　　　　　　　　　　]

Unit 5

Last Weekend

過去の出来事を説明する【動詞の過去形】

Listening

DL 07　CD 07

次の英文を音声で聞き、（　　）に入る語を記入してみましょう。

Last Weekend

I (¹.　　　) fun over the weekend. I (².　　　) bowling with my friends. There is a new bowling place near our university, so we (³.　　　) there to bowl. There (⁴.　　　) six of us. My team (⁵.　　　) the first game, but we (⁶.　　　) the next game by 40 points. The last game was a close tie, so we (⁷.　　　) sudden death. At the very end, we lost the game, but we (⁸.　　　) the whole time. I (⁹.　　　) playing with my friends. I want to go bowling again.

Grammar Point　動詞の過去形

過去の事柄を説明するときに使います。「過去の出来事をスナップ写真に収める」ことが過去形の機能です。

◆ be 動詞

現在	過去形	例
am	**was**	I **was** with my friends.（私は友だちと一緒にいた）
is	**was**	She **was** late for the bus.（彼女はバスに遅れた）
are	**were**	They **were** glad to hear that.（彼らはそれを聞いて喜んだ）

◆一般動詞　※規則的に変化するものと、不規則に変化するものがあります。

規則変化　ed、d をつけます。　　　play→**played** / watch→**watched** / like→**liked**
　　　　　子音字＋y で終わる場合、y を i に変えて ed
　　　　　study→**studied** / hurry→**hurried**
　　　　　短母音＋子音字で終わる場合、子音字を重ねて ed
　　　　　stop→**stopped** / shop→**shopped**
不規則変化　buy→**bought** / make→**made** / bring→**brought** / put→**put**

🧊 Grammar Task 1

Listening の英文から過去形の動詞を 5 つ書き出し（重複するものは 1 つだけ抜き出す）、その意味を日本語で書いてみましょう。

1. 動詞 _____ 意味 (   )   2. 動詞 _____ 意味 (   )

3. 動詞 _____ 意味 (   )   4. 動詞 _____ 意味 (   )

5. 動詞 _____ 意味 (   )

🧊 Grammar Task 2

(   ) 内の語句を並べ替えて、英文を完成させましょう。

1. (fishing / went / friends / I / my / with).

_____

2. (in / played / total / two / we / games).

_____

3. (reached / time / and / we / there / on / hurried).

_____

🧊 Let's Try!

日本語に合うように（   ）に入る単語を記入してみましょう。

1. 私のグループはトーナメントに勝ちました。

   My group (   ) the tournament.

2. 私は靴を何足か買いました。

   I (   ) some pairs of shoes.

3. アダムは映画館へ急いで行きました。

   Adam (   ) (   ) the movie theater.

4. メーガンは週末にかけて英語を勉強しました。

   Megan (   ) (   ) over the weekend.

5. 私たちはおやつにポップコーンを作り、食べました。

   We (   ) some popcorn for snack and (   ) it.

◆ Brainstorm Last Weekend の出来事について、情報を整理していきます。

Step 1 Mind Mapping

例を参考にして、Last Weekend に関する自分の情報をマインドマップに整理してみましょう。

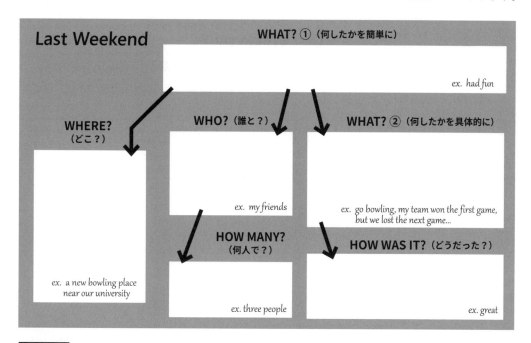

Step 2 Organizing Your Thoughts

Step 1 でまとめた内容を見ながら、以下の質問に答えましょう。

❶ Where did you go last weekend?

  I _____.

❷ Who did you go with? I_____.

❸ What did you do there?

  _____

❹ How was last weekend?

  It was_____.

Step 3 Reflection

ペアを組み、Step 2 の❶〜❹の文をお互い声に出して読んでみましょう。聞く側の人は❶〜❹について更に知りたいことを質問してみましょう。やりとりする中で追加したい内容をマインドマップに付け足してください。

🧊 Write an Essay

前ページでまとめた内容を活用し、ヒントを参考にしながら下線部を補って Last Weekend について書いてみましょう。終わったら CHECKLIST の各項目を満たしているかも確認しましょう。

Last Weekend

I _____ over the weekend. First, I
  先週末にしたこと(ざっくりと)

_____ with _____.
  どこへ行った?   誰と?

There _____. _____
  全部で何人?   そこで何をしたか?(具体的に)

_____.

It was (I enjoyed) _____.
  最後に感想を書く

CHECKLIST
- ☐ 主語と動詞はあるか　　　　　　　☐ 動詞は過去形になっているか
- ☐ 順番の表現を正しく使えているか　☐ スペルを辞書で確認したか
- ☐ 最後は感想を述べてきちんと締め括ったか

● 完成したら、文をグループで発表してみましょう。発表者以外の人はその文を聞いて、問いに答えましょう。

発表者 _____

1. 週末は何をしましたか?　　[   ]

2. 発表者の週末をどう思いましたか?　　　[   ]

3. 自分の週末と比較してどうでしたか?

[   ]

Unit 6

My Life in High School and College

過去の出来事を時系列に説明する【時間の接続表現】

🔲 Listening

 DL 08 CD 08

次の英文を音声で聞き、（　　）に入る語を記入してみましょう。

My Life in High School and College

My high school life and college life are quite different. In my second year of high school, I was crazy about playing online video games. (1.)

(2.) (3.) I returned home from school, I often played games (4.) dinner. (5.) dinner, I usually went back to playing games. (6.) I entered college, I changed my habits. (7.), I focus on my studies. (8.) I have free time, I try to go out and play sports with my friends. Therefore, my life in high school and college are quite different.

Grammar Point / 時間の接続表現

ここでは時系列を表す接続表現を学習します。

when「〜するとき」 （例）**When** I was in high school, I belonged to the band club.

as soon as「〜するとすぐに」 （例）**As soon as** I returned home, it started to rain.

after「〜してから」 （例）**After** I ate dinner, I played some video games.

until「〜までに」 （例）I often jog **until** the sun goes down.

whenever「〜するときはいつでも」

（例）I remember my high school days **whenever** I see him.

while「〜している間に」 （例）**While** I was in my dormitory, I made my own meals.

🎲 Grammar Task 1

Listening の英文から時間の接続表現を 5 つ書き出し（重複するものは 1 つだけ抜き出す）、その意味を日本語で書いてみましょう。

1. 接続 _____ 意味（　　　　　　　）　　2. 接続 _____ 意味（　　　　　　　）

3. 接続 _____ 意味（　　　　　　　）　　4. 接続 _____ 意味（　　　　　　　）

5. 接続 _____ 意味（　　　　　　　）

🎲 Grammar Task 2

（　　　）内の語句を並べ替えて、英文を完成させましょう。

1. (junior / in / when / was / I / high), I went to go see a musical.

_____

2. (saw / long / after / the / I / movie), I chatted with my friends.

_____

3. I went to a fireworks festival (grandparents' / went / to / back / whenever / I / my / house).

_____

🎲 Let's Try!

日本語に合うように（　　　）に入る単語を記入してみましょう。

1. 高校にいた間、私の日課は自分の朝食を用意することでした。

（　　　　　　　） in high school, my duty was to prepare my own breakfast.

2. 私は夕食の時間になるまではたいてい宿題をします。

I usually do my homework （　　　　　　）（　　　　　　） time.

3. 今、私は陸上部に所属しています。

（　　　　）, I （　　　　　　） to the track and field club.

4. 私は小学生の時、書道部によく行っていました。

（　　　　） I （　　　　） an elementary school student, I used to go to the calligraphy club.

5. 学校から帰るとすぐに、私は麺類を食べます。

（　　　　）（　　　　　　）（　　　　　　） I get home from school, I eat some noodles.

26

◼ Brainstorm My Life in High School について、情報を整理していきます。

Step 1 Mind Mapping

例を参考に、My Life in High School に関する自分の情報をマインドマップに整理しましょう。

My Life in High School

WHEN? （いつ？）

ex. second year

WHAT? （何を？）

ex. playing online video games

DETAILS （さらに詳しく）

ex. playing games until and after dinner

・・・・・・・・・・ **HOW ABOUT IN COLLEGE?** （大学ではどう？）・・・・・・・・・・

ex. focus on my studies,
go out and play sports with my friends

Step 2 Organizing Your Thoughts

Step 1 でまとめた内容を見ながら、以下の質問に答えましょう。

❶ What were you crazy about in high school days?

I _____.

❷ When in high school did it happen?

It_____.

❸ How was it like?

_____

❹ How different is it from your college life?

It_____.

Step 3 Reflection

ペアを組み、Step 2 の❶〜❹の文をお互い声に出して読んでみましょう。聞く側の人は❶〜❹について更に知りたいことを質問してみましょう。やりとりする中で追加したい内容をマインドマップに付け足してください。

27

⬛ Write an Essay

前ページでまとめた内容を活用し、ヒントを参考にしながら下線部を補って My Life in High School について書いてみましょう。終わったら CHECKLIST の各項目を満たしているかも確認しましょう。

My Life in High School

In my _____ of high school, I _____
高校何年のとき？   何にはまった？

_____. _____
                                                                          なぜはまった or どのくらいはまった、など具体的に

_____.

When I entered college, I _____.
大学に入ってからはまったもの

Therefore, my life in high school and college are _____.
同じ？違う？どの程度？（まとめ）

CHECKLIST	
☐ 主語と動詞はあるか	☐ 動詞は過去形になっているか
☐ 順番の表現は正しく使えているか	☐ スペルを辞書で確認したか
☐ 最後は感想を述べてきちんと締め括ったか	

● 完成したら、文をクラスの前で発表してみましょう。発表者以外の人はその文を聞いて、問いに答えましょう。

発表者 _____

1. 高校時代はどのような生活でしたか？　　　　[   ]

2. 大学時代はどのような生活ですか？　　　　　[   ]

3. どこに興味をもちましたか？
[   ]

Unit 7

My Ideal Room

ものや人の位置を説明する【前置詞句】

Listening

DL 09　CD 09

次の英文を音声で聞き、(　　) に入る語を記入してみましょう。

My Ideal Room

I want to tell you about my ideal room. First, I want to have a sofa (1.　　) (2.　　) (3.　　) the TV set. (4.　　) (5.　　) the sofa and the TV, I want to have a coffee table. (6.　　) (7.　　) the sofa, I want a nice comfortable bed. (8.　　) (9.　　) the bed, I want to have a big bookshelf. (10.　　) (11.　　) (12.　　) of my bookshelf, I want to have my desk. (13.　　) the (14.　　) (15.　　) of my bookshelf is a set of dresser. I keep my clothes there. That is my ideal room, and I want to live in that room after I graduate from college.

Grammar Point　前置詞句

前置詞句とは、前置詞 at / on / in などが名詞と一緒に使われたものです。

- **in front of A**「(建物など) の正面、(人) の目の前に」
  (例) The bed is **in front of** the sofa.
- **in between A and B**「A と B の間に」
  (例) **In between** the TV **and** sofa is a low table.
- **across from A**「A (何かを跨いで) の向こう側に」
  (例) There is a house **across from** the convenience store.
- **to the right[left] of A**「A から見て右手 (左手) に」
  (例) There is a kitchen **to the right of** the dining table.
- **on the other side of A**「A の反対側には」
  (例) **On the other side of** the table is a bookshelf.

🧊 Grammar Task 1

Listening の英文から前置詞句を５つ書き出し（重複するものは１つだけ抜き出す）、その意味を日本語で書いてみましょう。

1. 前置詞句＿＿＿＿＿　意味（　　　　　　　　　　）　**2.** 前置詞句＿＿＿＿＿　意味（　　　　　　　　　）

3. 前置詞句＿＿＿＿＿　意味（　　　　　　　　　　）　**4.** 前置詞句＿＿＿＿＿　意味（　　　　　　　　　）

5. 前置詞句＿＿＿＿＿　意味（　　　　　　　　）

🧊 Grammar Task 2

（　　　）内の語句を並べ替えて、英文を完成させましょう。

1. I have (across / from / sofa / a) my desk.

_____

2. My bed (to / right / the / of / is) my TV.

_____

3. (the / bookshelf / on / my / other side / of) is my dresser.

_____

🧊 Let's Try!

日本語に合うように（　　　）に入る単語を記入してみましょう。

1. 部屋の反対側には私のクローゼットがあります。

（　　　）（　　　）（　　　　　　）（　　　　　　　　） of the room is my closet.

2. 冷蔵庫の向かいに流し台があります。

There is a sink (　　　　　　) (　　　　　　　) the refrigerator.

3. テレビの前には私のソファがあります。

（　　　）（　　　　　　　）（　　　　） the TV is my couch.

4. 私のベッドの左手に目覚まし時計があります。

There is an alarm clock (　　　) (　　　) (　　　) of my bed.

5. 私のソファとテレビの間に、低いテーブルがあります。

（　　　）（　　　　　　　） my sofa (　　　　) my TV is a low table.

Brainstorm 自分の Ideal Room について、情報を整理していきます。

Step 1 Mind Mapping

例を参考にして、Ideal Room に関する情報をマインドマップに整理してみましょう。

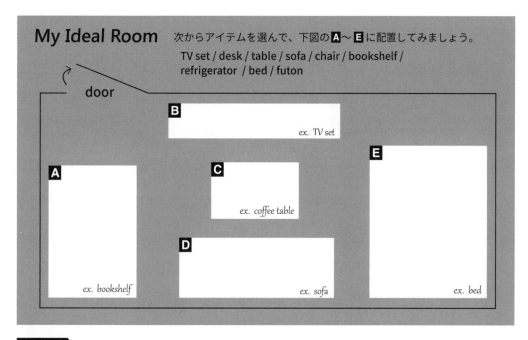

My Ideal Room 次からアイテムを選んで、下図の A ～ E に配置してみましょう。
TV set / desk / table / sofa / chair / bookshelf / refrigerator / bed / futon

door

B
ex. TV set

E

A

C
ex. coffee table

D

ex. bookshelf

ex. sofa

ex. bed

Step 2 Organizing Your Thoughts

Step 1 でまとめた内容を見ながら、以下の質問に答えましょう。

❶ In your ideal room, where is a desk (or table)?

It _____.

❷ In your ideal room, where is a bed (or futon)?

It _____.

❸ In your ideal room, where is a refrigerator (or bookshelf)?

It _____.

❹ When do you want to live in that room?

I _____.

Step 3 Reflection

ペアを組み、Step 2 の❶～❹の文をお互い声に出して読んでみましょう。聞く側の人は❶～❹について更に知りたいことを質問してみましょう。やりとりする中で追加したい内容をマインドマップに付け足してください。

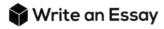 **Write an Essay**

前ページでまとめた内容を活用し、ヒントを参考にしながら下線部を補って自分
の Ideal Room について書いてみましょう。終わったら CHECKLIST の各項目を
満たしているかも確認しましょう。

My Ideal Room

I want to tell you about my ideal room. First, I want to have ＿＿＿＿＿＿＿
<small>部屋に置きたいもの①</small>

＿＿＿＿＿＿＿＿＿＿＿ ＿＿＿＿＿＿＿＿＿. ＿＿＿＿＿＿＿＿＿
<small>①をどこに置く？（前置詞句を使って）</small>　　　　　　　　　　　　<small>まず、置きたいもの②をどこに置くか</small>

＿＿＿＿＿＿＿＿＿, I want to have ＿＿＿＿＿＿＿＿＿＿. ＿＿＿＿＿＿
<small>（前置詞句を使って）</small>　　　　　　　　<small>部屋に置きたいもの②</small>　　　　　　　<small>まず③をどこに置くか</small>

＿＿＿＿＿＿＿＿＿＿＿, I want ＿＿＿＿＿＿＿＿＿＿＿. That is my
<small>（前置詞句を使って）</small>　　　　　　　　<small>部屋に置きたいもの③</small>

ideal room, and I want to live in that room ＿＿＿＿＿＿＿＿＿＿＿＿＿.
<small>いつごろ住みたい？</small>

CHECKLIST

- ☐ 場所を表す前置詞句は正しく使えているか
- ☐ スペルは辞書で確認したか
- ☐ 最後に理想の部屋をいつまでに欲しいかを明記したか
- ☐ 主語と動詞はあるか
- ☐ 理想の部屋をきちんと説明できたか

● 完成したら、文をグループで発表してみましょう。発表者以外の人はその文を
聞いて、問いに答えましょう。

発表者 ＿＿＿＿＿＿＿＿＿＿＿＿＿＿＿＿＿

1. 理想の部屋には何がありましたか？全部挙げてみましょう。

[　　　　　　　　　　　　　　　　　　　　　　　　　　　　　　　　]

2. あなたの部屋と同じものがあれば挙げてみましょう。

[　　　　　　　　　　　　　　　　　　　　　　　　　　　　　　　　]

3. あなたの部屋にないもので取り入れたいものはありましたか？

　　ある [　　　　　　　　　　　　　　　　　] ・ ない

Unit 8

Class Field Trip

ものや人をくり返し説明する【代名詞】

🧊 Listening

DL 10 　 CD 10

次の英文を音声で聞き、（　　　）に入る語を記入してみましょう。

Class Field Trip

My classmates and I went to an alpaca farm in Nagano for our school trip four years ago. We went (1.　　　) by bus from (2.　　　) school.

When (3.　　　) arrived at the farm, we had a lesson about alpacas. (4.　　　) come from South America. (5.　　　) are in the scientific family of Camelidae. In simple terms, (6.　　　) are related to camels.

Next, (7.　　　) had a tour of the farm. Near the entrance were four female alpacas. (8.　　　) were really cute with fluffy fur. I took some pictures next to (9.　　　). We had a great field trip in Nagano.

Grammar Point ／ 代名詞

代名詞は前に出た名詞を再度使う場合に置き換える語です。

（例）The Nagano field trip was really exciting. **It** was the best field trip of my life.※It は the Nagano field trip を指します。

代名詞の種類と形

主格（〜は、〜が）	所有格（〜の）	目的格（〜を、〜に）	所有代名詞（〜のもの）
I	my	me	mine
you（単数・複数）	your	you	yours
he	his	him	his
she	her	her	hers
it	its	it	–
we	our	us	ours
they	their	them	theirs

🎲 Grammar Task 1

Listening の英文から代名詞を5つ書き出し（重複するものは1つだけ抜き出す）、その意味を日本語で書いてみましょう。

1. 代名詞 _____ 意味（　　　　　　　） 　 2. 代名詞 _____ 意味（　　　　　　　）

3. 代名詞 _____ 意味（　　　　　　　） 　 4. 代名詞 _____ 意味（　　　　　　　）

5. 代名詞 _____ 意味（　　　　　　　）

🎲 Grammar Task 2

（　　　）内の語句を並べ替えて、英文を完成させましょう。

1. (come / Peru / in / they / South America / from).

_____

2. Jack will soon be back in Japan. (come / please / him / see / and).

_____

3. I went to see a movie last night. (very / was / boring / it).

_____

🎲 Let's Try!

日本語に合うように（　　　）に入る単語を記入してみましょう。

1. 彼らはフェンスの周りに集まった。

　（　　　　　） gathered around the fence.

2. 私は公園で楽しい時間を過ごしました。とても素敵な旅でした。

　I had fun in the park. (　　　　　) was a great trip.

3. 私は美術館が好きです。私の友人も好きです。

　I like the museum. (　　　　) friend also likes (　　　　).

4. ジェイミーと私は若い頃、野球場によく行っていました。

　Jamie and I used to go to the ballpark (　　　　　) (　　　　) were young.

5. 向こうであなたの友人を見ました。

　I saw (　　　　　) friends over (　　　　　).

34

🧊 Brainstorm Class Field Trip について、情報を整理していきます。

Step 1 Mind Mapping

例を参考にして、Class Field Trip に関する情報をマインドマップに整理してみましょう。

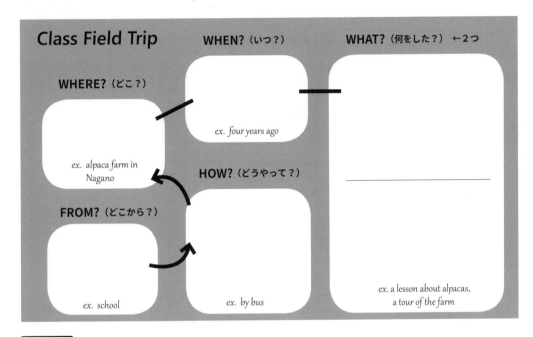

Class Field Trip

WHERE?（どこ？）
ex. alpaca farm in Nagano

WHEN?（いつ？）
ex. four years ago

WHAT?（何をした？）←2つ
ex. a lesson about alpacas, a tour of the farm

FROM?（どこから？）
ex. school

HOW?（どうやって？）
ex. by bus

Step 2 Organizing Your Thoughts

Step 1 でまとめた内容を見ながら、以下の質問に答えましょう。

❶ Where did you go?

    I _____.

❷ When did you go there?

    I _____.

❸ How did you go there? From where?

    _____

❹ How was your field trip?

    It was _____.

Step 3 Reflection

ペアを組み、Step 2 の❶〜❹の文をお互い声に出して読んでみましょう。聞く側の人は❶〜❹について更に知りたいことを質問してみましょう。やりとりする中で追加したい内容をマインドマップに付け足してください。

 **Write an Essay**

前ページでまとめた内容を活用し、ヒントを参考にしながら下線部を補って自分の Class Field Trip について書いてみましょう。終わったら CHECKLIST の各項目を満たしているかも確認しましょう。

Class Field Trip

My classmates and I went to ＿＿＿＿＿＿＿＿＿＿ for our school field trip
<small>どこへ行った？</small>

＿＿＿＿＿＿＿＿＿. We went there by ＿＿＿＿＿＿＿＿＿＿＿＿＿＿＿.
<small>いつ？</small>   <small>どうやって？（交通手段）　どこから？（出発地点）</small>

When we arrived ＿＿＿＿＿＿＿＿＿＿＿＿, we ＿＿＿＿＿＿＿＿
<small>行った場所</small>   <small>そこでまず何をした？</small>

＿＿＿＿＿＿＿＿＿＿＿＿＿＿＿＿＿＿.

Next, we ＿＿＿＿＿＿＿＿＿＿＿＿＿＿＿＿
<small>次に何をした？</small>

＿＿＿＿＿＿＿. We had a ＿＿＿＿＿＿＿＿＿＿＿＿＿＿＿＿.
<small>どんな遠足だった？（感想）</small>

CHECKLIST
- [ ] 代名詞は正しく使えているか
- [ ] 文章の流れに問題はないか
- [ ] 主語と動詞はあるか
- [ ] 最後は感想を述べてきちんと締め括ったか

● 完成したら、文をグループで発表してみましょう。発表者以外の人はその文を聞いて、問いに答えましょう。

発表者 ＿＿＿＿＿＿＿＿＿＿＿＿＿＿＿＿

1. どこへ行きましたか？　　[　　　　　　　　　　　　　　　]

2. そこで何をしましたか？　[　　　　　　　　　　　　　　　]

3. そこへ行ってみたいと思いますか？　なぜ？
[　　　　　　　　　　　　　　　　　　　　　　　　　　　]

My Favorite Movie

自分の体験を説明する【まとめ❷】

🔲 Listening

🎧 DL 11　◉ CD 11

次の英文を音声で聞き、（　　）に入る語を記入してみましょう。

My Favorite Movie

My favorite movie is *Finding True Love*. I (¹· 　　) it (²· 　　) I (³· 　　)
in junior high school. The leading actor in the movie (⁴· 　　) Adam E. Yonekura.
He is good with action, but I did not know he could do romance movies, too.
(⁵· 　　) it was a romance movie, I did not expect to see any action, but near
the end Adam kicked the guy (⁶· 　　) (⁷· 　　) (⁸· 　　) him. He was
doing stunts all over the place.

(⁹· 　　), I want to see *The Pirate Wars*. (¹⁰· 　　) takes place in the
Middle East. Adam plays the main character, and (¹¹· 　　) tries to stop the
pirates from raiding his ship. I want to see more of (¹²· 　　) movies.

Grammar Point ╱ まとめ❷ 動詞の過去形、時間の接続表現、前置詞句、代名詞

ここでは Unit 5〜8 で学習した項目を復習します。
- ◆動詞の過去形　be 動詞＝was, were　一般動詞＝規則変化と不規則変化
  I **was** on campus yesterday. / We **were** studying for the test.
  I **went** to the movies. / We **stopped** for a coffee break.
- ◆時間の接続表現＝when, since など
  When I went to the amusement park, I met my old friends.
- ◆前置詞句＝位置を詳しく説明します。
  I was crying out loud **in front of** the movie theater.
- ◆代名詞＝前に出た名詞を it や they などで置き換えます。
  The movie came out last year. **It** was a great movie. / The actors were all
  famous. **They** won an award last year.

🧊 Grammar Task 1

Listening の英文から時間の接続表現、前置詞句、代名詞を２つずつ書き出し（重複するものは１つだけ抜き出す）、その意味を日本語で書いてみましょう。

1. 接続 _____ 意味 （　　　　　　　　） **2.** 接続 _____ 意味 （　　　　　　　　）

3. 前置詞句 _____ 意味 （　　　　　　　　） **4.** 前置詞句 _____ 意味 （　　　　　　　　）

5. 代名詞 _____ 意味 （　　　　　　　　） **6.** 代名詞 _____ 意味 （　　　　　　　　）

🧊 Grammar Task 2

（　　　）内の語句を並び替えて、英文を完成させましょう。

1. (part-time / night / I / worked / last).

_____

2. "How were your parents in Canada doing?"—"(were / fine / they)."

_____

3. (the / after / saw / I / movie / horror), I could not sleep at all.

_____

🧊 Let's Try!

日本語に合うように（　　　）に入る単語を記入してみましょう。

1. 主役は橋の前でエミリーにプロポーズした。

The main character proposed to Emily (　　　) (　　　) (　　　) the bridge.

2. その映画は大ヒットしました。私はとても好きでした。

The movie was a great hit. I (　　　) (　　　) so much.

3. 私はその悪い連中に怒りました。彼らは本当にいじわるでした。

I (　　　) angry at the bad guys. (　　　) (　　　) really mean.

4. 私は高校時代からアクション映画のファンです。

I have been a fan of action movies (　　　) high school.

5. 映画が終わるとすぐに、私はトイレへ駆け出しました。

(　　) (　　　) (　　　) the movie ended, I (　　　) to the bathroom.

🧊 Brainstorm　自分の Favorite Movie について、情報を整理していきます。

Step 1　Mind Mapping

例を参考にして、Favorite Movie に関する自分の情報をマインドマップに整理してみましょう。

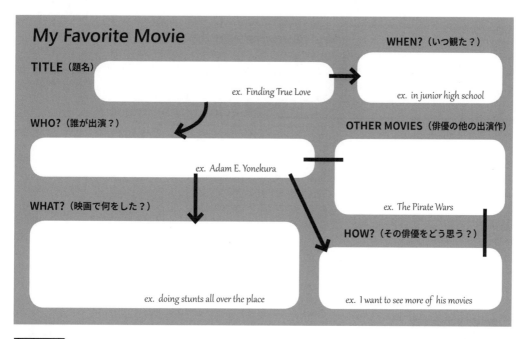

Step 2　Organizing Your Thoughts

Step 1 でまとめた内容を見ながら、以下の質問に答えましょう。

❶ What is your favorite movie?

_____

❷ When did you see it?

_____

❸ Who is the main character?

_____

❹ What did the main character do in the movie?

_____

Step 3　Reflection

ペアを組み、Step 2 の❶～❹の文をお互い声に出して読んでみましょう。聞く側の人は❶～❹について更に知りたいことを質問してみましょう。やりとりする中で追加したい内容をマインドマップに付け足してください。

 **Write an Essay**

前ページでまとめた内容を活用し、ヒントを参考にしながら下線部を補って自分の Favorite Movie について書いてみましょう。終わったら CHECKLIST の各項目を満たしているかも確認しましょう。

My Favorite Movie

My favorite movie is _____. I saw it _____
好きな映画のタイトル　　　　　　　　　　　　　　いつ観たか？

_____. The actor in the movie _____
出演している俳優は？

_____. In the movie, he/she _____
その映画で俳優は何をした？

_____. He/She is also in _____
その俳優がほかに

_____.
出ている映画は？

Now, I _____.
今(映画を観たあと)、その俳優をどう思っている？

CHECKLIST

- ☐ 動詞は過去形を正しく使えているか
- ☐ 前置詞句を正しく使えているか
- ☐ 内容はまとまっているか
- ☐ 時間の接続表現を正しく使えているか
- ☐ 代名詞を正しく使えているか

● 完成したら、文をクラスの前で発表してみましょう。発表者以外の人はその文を聞いて、問いに答えましょう。

発表者 _____

1. 映画は何でしたか？　　　[　　　　　　　　　　　　　　　　　　]

2. 主演は誰でしたか？　　　[　　　　　　　　　　　　　　　　　　]

3. その映画を観てみたいですか？　なぜ？
[　　　　　　　　　　　　　　　　　　　　　　　　　　　　　　　]

Unit 10

Mysterious Encounter

過去を詳しく説明する【いろいろな過去】

🔲 Listening

🎧 DL 12　💿 CD 12

次の英文を音声で聞き、（　　）に入る語を記入してみましょう。

Mysterious Encounter

　　Last week, when I (1.　　　　) (2.　　　　　　　) home from school, I (3.　　　　)

something very strange. A large creature (4.　　　　) (5.　　　　　　　) through the

woods. It (6.　　　　) very big and it (7.　　　　) a lot of hair. At first, I did not

know what it was, but I soon (8.　　　　　　) that it was a bear.

　　When I was sure it was a bear, I (9.　　　　) to run back home as quickly as

I could. I (10.　　　　) really scared and my hands (11.　　　　) (12.　　　　　　　).

Grammar Point ◢ いろいろな過去

過去のことを表すには二通りの方法があります。
- ◆ [単純過去形] 動詞の過去形（→Unit 5）
  単純過去形は、過去の出来事として「こんなことがあった」と事実の報告をする
  役割があります。
  （例）I **was** scared.（私は怖かった）/ I **met** him yesterday.（昨日彼に会った）
- ◆ [過去進行形] was /were＋動詞の ing 形
  「～しているところだった」と、過去のある時点を実況中継のように説明する役割
  があります。出来事の途中を生き生きと描写するのに用いられます。
  （例）I **was running** in the park then.（その時、私は公園を走っているところだった）
  　　　When I called him, he **was studying** English.（彼を呼んだとき、彼は英語を
  　　　勉強していた）

🎲 Grammar Task 1

Listening の英文から単純過去（動詞の過去形）を 3 つ、過去進行形を 2 つ書き出し（重複するものは 1 つだけ抜き出す）、その意味を日本語で書いてみましょう。

1. 単純過去 _____ 意味 (　　　　　　) **2.** 単純過去 _____ 意味 (　　　　　)

3. 単純過去 _____ 意味 (　　　　　　) **4.** 過去進行形 _____ 意味 (　　　　　)

5. 過去進行形 _____ 意味 (　　　　　)

🎲 Grammar Task 2

(　　　) 内の語句を並び替えて、英文を完成させましょう。

1. (with / to the park / I / went / my sister).

_____

2. I (she / was / when / cooking / called / dinner / me).

_____

3. (novel / writing / Mr. Hayakawa / a / at / was) that time.

_____

🎲 Let's Try!

日本語に合うように (　　) に入る単語を記入してみましょう。

1. 私たちは昨日、テニスをしました。

　We (　　　　　) tennis yesterday.

2. 母親が部屋に入った時、ミキはビデオゲームをしていたところでした。

　When her mother (　　　　　　) the room, Miki (　　　) (　　　　　　) a

　video game.

3. 先週の試験で私は満点をとりました。

　I (　　　) full marks on the exam (　　　) (　　　).

4. 2 日前、私は箱根までドライブしました。

　I (　　　　) to Hakone two (　　　) (　　　).

5. 雨が降り始めた時、友人たちと私は昼食を食べていました。

　My friends and I (　　　) (　　　　　　) lunch when it (　　　) raining.

42

Brainstorm Mysterious Encounter について、情報を整理していきます。

Step 1 Mind Mapping

例を参考にして、Mysterious Encounterに関する情報をマインドマップに整理してみましょう。

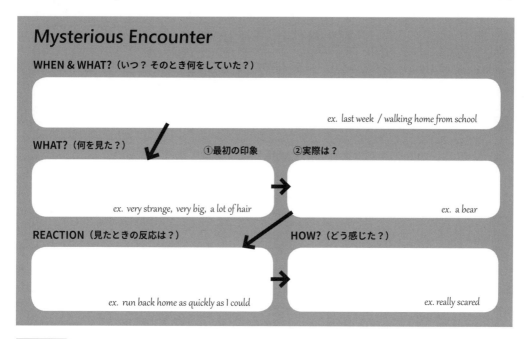

Step 2 Organizing Your Thoughts

Step 1 でまとめた内容を見ながら、以下の質問に答えましょう。

❶ When did the encounter happen and what were you doing then?

_____

❷ At first, what did you think it was?

_____

❸ Finally, what was it?

_____

❹ What was your reaction then?

_____

Step 3 Reflection

ペアを組み、Step 2 の❶〜❹の文をお互い声に出して読んでみましょう。聞く側の人は❶〜❹について更に知りたいことを質問してみましょう。やりとりする中で追加したい内容をマインドマップに付け足してください。

 **Write an Essay**

前ページでまとめた内容を活用し、ヒントを参考にしながら下線部を補って自分の Mysterious Encounter について書いてみましょう。終わったら CHECKLIST の各項目を満たしているかも確認しましょう。

Mysterious Encounter

_____, when _____
　　いつ?　　　　　　　　　　　　　　　　　　　　そのとき何をしていた?

_____, I saw something _____.
　　　　　　　　　　　　　　　どんなものを見た?(最初の印象)

At first, I did not know what it was, but I soon realized _____
　　　　　　　　　　　　　　　　　　　　　　　　　　　　　　その正体は?

_____.

When I was sure it was _____, I _____
　　　　　　　　　　　　その正体　　　　　　　　　　　　　　　どう反応した?

_____. I felt _____
　　　　　　　　　　　　　　　　　　　　　　　　　　　どう感じた?

_____.

CHECKLIST

☐ 主語と動詞がすべての文に含まれているか　　☐ 動詞は過去形を正しく使えているか
☐ 単純過去と過去進行形を使い分けられているか　☐ スペルを辞書で確認したか
☐ 書きたい内容はすべて入れたか

● 完成したら、文をクラスの前で発表してみましょう。発表者以外の人はその文を聞いて、問いに答えましょう。

発表者 _____

1. 何を見ました（何に会いました）か？　　　[　　　　　　　　　　　　　　　]

2. それはいつでしたか？　　　[　　　　　　　　　　　　　　　　　　　　　]

3. そのとき、どう反応していましたか？
[　　　　　　　　　　　　　　　　　　　　　　　　　　　　　　　　　　　　]

Unit 11

My Dream

未来のことを説明する【未来を表す表現】

🔲 Listening

DL 13 ◎ CD 13

次の英文を音声で聞き、（　）に入る語を記入してみましょう。

My Dream

My dream is (1.　　　　　) become an animal researcher because I love wildlife and I (2.　　) (3.　　　　) learn about saving it for a long time.

There are several things I (4.　　) (5.　　) do. First, (6.　　) (7.　　　) (8.　　) go to a university to study biology next year. There, I (9.　　) study biology and other subjects related to animals. Then, I (10.　　) travel around the world and learn about all the animals in different areas of the globe.

Grammar Point / 未来を表す表現

◆助動詞 will
その場で決めたことや強い意志を表します。
（例）I **will** do my homework after I go back home.
　　　（家に帰ったら宿題をしよう）

◆ be going to
あらかじめ決めていた予定を表します。
（例）I **am going to** practice baseball tomorrow.
　　　（明日、野球の練習をする予定です）
※日常会話では be going to で一度予定を表現したら、そのあとは be going to を繰り返さずに will で言い換えてしまうのが普通です。

◆ hope to
希望や期待を込めた未来を表すときに用います。
（例）I **hope to** see you soon.（すぐにあなたに会えることを願う）

🧊 Grammar Task 1

Listening の英文から未来を表す表現を 3 つ書き出し（重複するものは 1 つだけ抜き出す）、その意味を日本語で書いてみましょう。

1. 未来 ＿＿＿＿＿＿＿　意味（　　　　　　　　　　）　**2.** 未来 ＿＿＿＿＿＿＿　意味（　　　　　　　　）

3. 未来 ＿＿＿＿＿＿＿＿＿　意味（　　　　　　　　　）

🧊 Grammar Task 2

（　　　）内の語句を並び替えて、英文を完成させましょう。

1. (you / I / show / will / around).

＿＿＿＿＿＿＿＿＿＿＿＿＿＿＿＿＿＿＿＿＿＿＿＿＿＿＿＿＿＿＿＿

2. (June / in / museum / going / reopen / is / the / to).

＿＿＿＿＿＿＿＿＿＿＿＿＿＿＿＿＿＿＿＿＿＿＿＿＿＿＿＿＿＿＿＿

3. According to the weather report, (this / afternoon / to / going / rain / it's).

＿＿＿＿＿＿＿＿＿＿＿＿＿＿＿＿＿＿＿＿＿＿＿＿＿＿＿＿＿＿＿＿

🧊 Let's Try!

日本語に合うように（　　　）に入る単語を記入してみましょう。

1. 私は今日、仕事に遅刻しません。

　I (　　　　) (　　　) (　　　　) for work today.

2. 今週末はおそらく晴れることでしょう。

　It (　　　) probably (　　　) (　　　) this weekend.

3. あなたは次の会議に出席する予定ですか。

　Are you (　　　　　) (　　　) (　　　　　) the next meeting?

4. 大学は無料のインターネットアクセス権を与えることで学生を援助したいと考えている。

　The university (　　　　) (　　　) (　　　　) students by providing free internet access.

5. それについて言及しようとしましたが、うっかり忘れていました。

　I was (　　　　) (　　　) (　　　　　) it, but it slipped my mind.

🟦 **Brainstorm** 自分の Dream について、情報を整理していきます。

Step 1 Mind Mapping

例を参考にして、Dream に関する自分の情報をマインドマップに整理してみましょう。

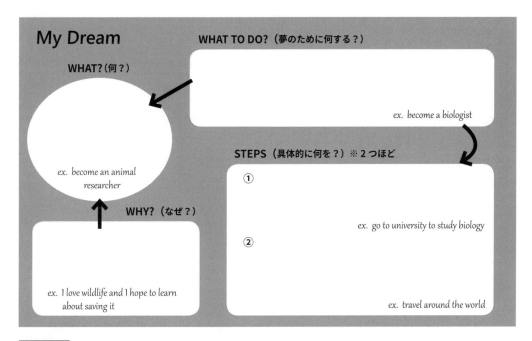

My Dream

WHAT?（何？）

ex. become an animal researcher

WHAT TO DO?（夢のために何する？）

ex. become a biologist

WHY?（なぜ？）

ex. I love wildlife and I hope to learn about saving it

STEPS（具体的に何を？）※2つほど

① ex. go to university to study biology

② ex. travel around the world

Step 2 Organizing Your Thoughts

Step 1 でまとめた内容を見ながら、以下の質問に答えましょう。

❶ What is your dream?

_____

❷ Why do you have that dream?

_____

❸ What will you do to make your dream come true?

_____

❹ What are your plans?

_____

Step 3 Reflection

ペアを組み、Step 2 の❶〜❹の文をお互い声に出して読んでみましょう。聞く側の人は❶〜❹について更に知りたいことを質問してみましょう。やりとりする中で追加したい内容をマインドマップに付け足してください。

◆ Write an Essay

前ページでまとめた内容を活用し、ヒントを参考にしながら下線部を補って自分のDreamについて書いてみましょう。終わったらCHECKLISTの各項目を満たしているかも確認しましょう。

My Dream

My dream is _____, because _____
夢は何？   その理由は？

_____. I will _____
夢の実現のためにしようと考えていることは？

_____. First, _____
具体的にまず何をする？

_____. Then _____
次に何をする？

_____.

CHECKLIST

- ☐ 主語と動詞がすべての文に含まれているか
- ☐ スペルを辞書で確認したか
- ☐ 書きたい内容はすべて入れたか
- ☐ 未来の表現をきちんと加えられたか
- ☐ 文どうしはきちんとつながっているか

● 完成したら、文をクラスの前で発表してみましょう。発表者以外の人はその文を聞いて、問いに答えましょう。

発表者 _____

1. どんな夢でしたか？　　　[　　　　　　　　　　　　　　　　　]

2. 夢の実現のためにどうするつもりですか？
[　　　　　　　　　　　　　　　　　　　　　　　　　　　　　]

3. その夢は実現すると思いますか？なぜ？
[　　　　　　　　　　　　　　　　　　　　　　　　　　　　　]

Unit 12

My Healthy Habit

具体例を説明する【具体例を示す表現】

Listening

DL 14 CD 14

次の英文を音声で聞き、( ) に入る語を記入してみましょう。

My Healthy Habit

I always do some type of exercise for an hour (1.) I want to keep a healthy lifestyle. (2.) (3.), I run two kilometers around the park in my neighborhood. It has a lot of positive effects. (4.) (5.), it can help to boost my stamina.

I also do different workouts (6.) (7.) swimming and yoga every other day. (8.) (9.) those exercises, I can work on different parts of my body.

Grammar Point / 具体例を示す表現

◆ for example, for instance
文頭や文中で用いて「例えば」という意味を表します。
（例）**For example**, you should give up the habit of staying up late.

◆方法・手段を表す by
方法・手段などを具体的に示します。by ＋名詞（動詞の ing 形）で「〜によって」という意味になります。
（例）**By getting** up early, you could have a lot more time.

◆具体例を表す such as
名詞＋such as〜の形で「〜のような（名詞）」と具体例を示すはたらきがあります。
（例）I love animals **such as** dogs and cats.

◆ in particular
「特に」と、より範囲を狭めて具体例を示す際に使います。
（例）**In particular**, I like playing baseball.

🎲 Grammar Task 1

（例）にならって、**Listening** の英文から具体例を示す表現と具体例を3つ書き出しましょう。（例）表現 <u>in particular</u>　具体例（ playing baseball ）

1. 表現 ＿＿＿＿＿＿＿　具体例（　　　　　　　　　　　　　　　 ）

2. 表現 ＿＿＿＿＿＿＿　具体例（　　　　　　　　　　　　　　　 ）

3. 表現 ＿＿＿＿＿＿＿　具体例（　　　　　　　　　　　　　　　 ）

🎲 Grammar Task 2

（　　）内の語句を並び替えて、英文を完成させましょう。

1. (as / I / eat / fatty foods / bacon / don't / such).

_____

2. (novels / in / like / detective / I) particular.

_____

3. (I / working / money / part-time / by / earn).

_____

🎲 Let's Try!

日本語に合うように（　　）に入る単語を記入してみましょう。

1. 特に、私は生魚が好きです。(　　　) (　　　　　　　　), I like raw fish.

2. 例えば、食べ過ぎはあなたの健康に害を与えます。

　(　　　) (　　　), eating too much could do harm to your health.

3. 朝食を食べることで、仕事に集中できます。

　I can focus on my work (　　　) (　　　) breakfast.

4. インドやネパールのような国では、人々は手で食べます。

　In (　　　　　) (　　　) (　　　　) India and Nepal, people eat with their hands.

5. たくさん読むことで、あなたの英語は向上するでしょう。

　Your English will improve (　　　) (　　　　　　) a lot.

50

🧊 Brainstorm 自分の Healthy Habit について、情報を整理していきます。

Step 1 Mind Mapping

例を参考にして、Healthy Habit に関する自分の情報をマインドマップに整理してみましょう。

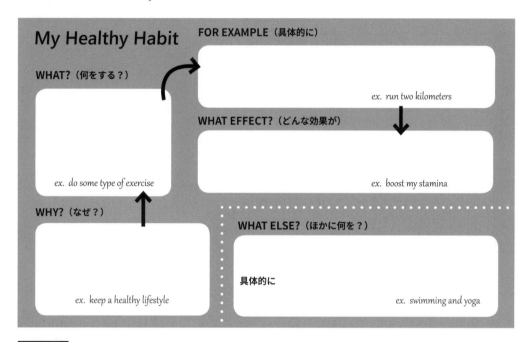

Step 2 Organizing Your Thoughts

Step 1 でまとめた内容を見ながら、以下の質問に答えましょう。

❶ What is your healthy habit?

_____

❷ Why do you keep this habit?

_____

❸ What effect does this habit have on your health?

_____

❹ What else do you do as your healthy habit?

_____

Step 3 Reflection

ペアを組み、Step 2 の❶〜❹の文をお互い声に出して読んでみましょう。聞く側の人は❶〜❹について更に知りたいことを質問してみましょう。やりとりする中で追加したい内容をマインドマップに付け足してください。

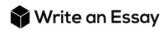 **Write an Essay**

前ページでまとめた内容を活用し、ヒントを参考にしながら下線部を補って自分の Healthy Habit について書いてみましょう。終わったら CHECKLIST の各項目を満たしているかも確認しましょう。

My Healthy Habit

I always _____ because _____
いつも何をしている？　　　　　　　　　　　　　　　　　　　　　　　　その理由

_____. For example, _____
　　　　　　　　　　　　　　　　　　　　　　　　　　　　上で述べた習慣を具体的に

_____. It has a lot of positive effects.

_____, it can help to _____
例えば　　　　　　　　　　　　　　　　　　　　何に役立つ？

_____.

And I also do _____ such as
　　　　　　ほかに行っている習慣は？

_____. By _____
具体的に　　　　　　　　　　　　　　　　　　　上で述べたこと（によって）

_____, I can _____.
　　　　　何ができる（どんな効果がある）？

CHECKLIST

- [ ] 主語と動詞がすべての文に含まれているか
- [ ] スペルを辞書で確認したか
- [ ] 文と文の内容はつながっているか
- [ ] 動詞の活用は正しく使えているか
- [ ] 全部内容を入れたか

● 完成したら、文をクラスの前で発表してみましょう。発表者以外の人はその文を聞いて、問いに答えましょう。

発表者 _____

1. どんな習慣でしたか？　　　　[　　　　　　　　　　　　　　　　]

2. それをする理由は？　　　　　[　　　　　　　　　　　　　　　　]

3. その習慣をどう思いますか？　　[　　　　　　　　　　　　　　　　]

Unit 13

What Should We Do for the Environment?

意見を主張する【助動詞】

🔳 Listening

 DL 15 ● CD 15

次の英文を音声で聞き、（　　）に入る語を記入してみましょう。

What Should We Do for the Environment?

I believe that we (1.　　　　) think about cleaning up beaches. Plastic and trash (2.　　　) go into the sea and hurt sea creatures, such as fish and turtles. Also, the plastic and trash (3.　　　　) keep certain creatures away from the beach. As a result, many creatures (4.　　　) starve and die out.

We (5.　　　　) clean up some beaches on weekends for two or three hours. After cleaning the beaches, we will (6.　　　) (7.　　　　) (8.　　　) go swimming and be proud of ourselves!

Grammar Point ╱ 助動詞

助動詞は動詞（の原形）の前に付けて、その意味を補足します。

◆ should「〜すべき（義務）」
（例）We **should** be more careful.（私たちはもっと注意すべきだ）
※should＋have＋過去分詞で「〜すべきだったのに（しなかった）」の意味になります。
（例）I **should have been** more careful.（私はもっと注意すべきだった）

◆ can「〜できる（可能）」「〜がありうる（可能性）」
（例）This medicine **can** cause side effects.（この薬は副作用を起こす可能性がある）
※cannot は可能性を否定し「ありえない」の意味になります。
（例）Her story **cannot** be true.（彼女の話は真実であるはずがない）

◆ may「〜かもしれない（推量）」
（例）They **may** be against you.（その人たちはあなたの意見に反対かもしれない）
※might も同じく「〜かもしれない」で、より丁寧なニュアンス
（例）His words **might** be true.（彼の言葉は真実かもしれません）

🧊 Grammar Task 1

Listening の英文から助動詞を 4 つ書き出し（重複するものは 1 つだけ抜き出す）、その意味を日本語で書いてみましょう。

1. 助動詞 _____ 意味 (　　　　　　　) 　2. 助動詞 _____ 意味 (　　　　　　　)

3. 助動詞 _____ 意味 (　　　　　　　) 　4. 助動詞 _____ 意味 (　　　　　　　)

🧊 Grammar Task 2

(　　) 内の語句を並び替えて、英文を完成させましょう。

1. (prevent / act / pollution / quickly / should / we / to).

_____

2. (be / tool / helpful / this / can / very) for you.

_____

3. (might / this / your / answer / question / book).

_____

🧊 Let's Try!

日本語に合うように（　　）に入る単語を記入してみましょう。

1. 私たちはあなたの意見を受け入れることはできない。

　We (　　　　　　　) accept your opinion.

2. おかしいと思われるかもしれませんが、私は本気です。

　It (　　　　　　　) sound crazy, but I mean it.

3. 父はもっと早く医者に診てもらうべきだったと思います。

　I think my father (　　　　) (　　　　) (　　　　) a doctor earlier.

4. この新しい政策は私たちの問題の解決策になる可能性があります。

　This new policy (　　　) (　　　) a (　　　　　　) to our problem.

5. トムと彼の家族に何か起こるのではないかと心配です。

　I'm afraid something (　　　　　) (　　　　　) (　　　　) Tom and his family.

🎲 Brainstorm 「環境のために何をすべきか」について、情報を整理していきます。

Step 1　Mind Mapping

例を参考にして、「環境のために何をすべきか」をマインドマップに整理してみましょう。

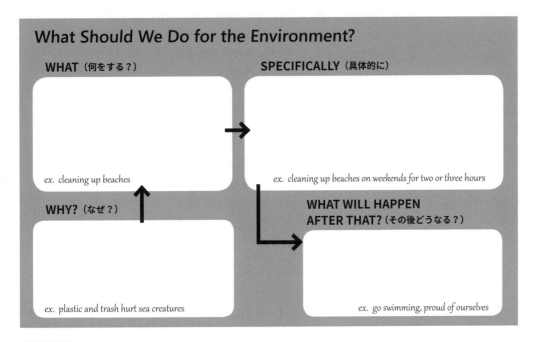

Step 2　Organizing Your Thoughts

Step 1 でまとめた内容を見ながら、以下の質問に答えましょう。

❶ What should you do for the environment?

_____.

❷ Why do you think you should do so?

_____.

❸ Name the thing(s) you should do more specifically.

_____.

❹ What will you be able to do after that?

_____.

Step 3　Reflection

ペアを組み、Step 2 の❶〜❹の文をお互い声に出して読んでみましょう。聞く側の人は❶〜❹について更に知りたいことを質問してみましょう。やりとりする中で追加したい内容をマインドマップに付け足してください。

🎁 Write an Essay

前ページでまとめた内容を活用し、ヒントを参考にしながら下線部を補って What Should We Do for the Environment? について書いてみましょう。終わったら CHECKLIST の各項目を満たしているかも確認しましょう。

What Should We Do for the Environment?

I believe that we _____
　　　　　　　　　環境のためにすべきことは？

_____._____
　　　　　　　　その理由は？

_____.

We _____.
　　具体的にどんなことをする？

After _____, we will be able to _____
　　（上記のことをした）あとに　　　　　　　　　　　　　　　　　　私たちは何ができる？

_____!

CHECKLIST

- ☐ 主語と動詞がすべての文に含まれているか
- ☐ 書きたい内容はすべて入れたか
- ☐ 助動詞は正しく使えたか
- ☐ 文と文の内容はつながっているか

● 完成したら、文をクラスの前で発表してみましょう。発表者以外の人はその文を聞いて、問いに答えましょう。

発表者 _____

1. 環境のために何をすべきと言っていましたか？

[　　　　　　　　　　　　　　　　　　　　　　　　　　　　　　　　　　　　]

2. なぜそうすべきと言っていましたか？

[　　　　　　　　　　　　　　　　　　　　　　　　　　　　　　　　　　　　]

3. 上記の意見に賛成ですか、反対ですか？なぜ？

賛成・反対　　理由　[　　　　　　　　　　　　　　　　　　　　　　　　　]

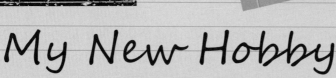

Unit 14

My New Hobby

気持ちや考えの変化を表現する【まとめ❸】

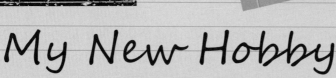 Listening

DL 16 ⦿ CD 16

次の英文を音声で聞き、（　　）に入る語を記入してみましょう。

My New Hobby

I like cooking so much, but I (¹·　　) like cooking before. I wasn't sure I (²·　) handle the kitchen utensils (³·　) (⁴·　) knives and frying pans. However, when I (⁵·　) (⁶·　　) with my mother one day, I thought cooking was a lot of fun. I even thought that cooking (⁷·　　) become my new hobby. I'm (⁸·　　) to try making dishes by myself.

Grammar Point ▸ まとめ❸ いろいろな過去、未来形、具体例を示す表現、助動詞

ここでは、Unit 10〜13 で学習した項目を復習します。
◆過去形＝「（そのとき）〜した」、過去進行形＝「〜しているところだった」
　（例）I **went** to bed at 11 p.m. / I **was watching** TV then.
◆未来は will と be going go を使って表すことができます。
　（例）I **will** do what I need to do. / I **am going to** visit my sister.
◆具体例を示すときの表現（for example, such as など）
　（例）I like fruits **such as** oranges and apples.
　※手段・手法は by で表します。
　（例）He showed his disapproval **by getting out of** the room.
◆基本的な助動詞（should, can, may など）
　（例）I think I **should** be humble. / It **may** seem like a dream.

57

🧊 Grammar Task 1

Listening の英文から過去進行形、未来を表す表現、具体例の表現を 1 つずつ、助動詞を 2 つ書き出し(重複するものは 1 つだけ抜き出す)、その意味を日本語で書いてみましょう。

1. 過去進行形 ＿＿＿＿＿＿＿＿＿＿＿　　意味（　　　　　　　　　　　　）

2. 未来 ＿＿＿＿＿＿＿＿＿＿＿＿＿　　意味（　　　　　　　　　　　　）

3. 具体例の表現 ＿＿＿＿＿＿＿＿＿＿＿＿＿＿＿＿＿　意味（　　　　　　　　　）

4. 助動詞 ＿＿＿＿＿　意味（　　　　　　）　5. 助動詞 ＿＿＿＿＿　意味（　　　　　　　）

🧊 Grammar Task 2

（　　　）内の語句を並べ替えて、英文を完成させましょう。

1. (game / was / she / a / playing / video) when I entered her room.

＿＿＿＿＿＿＿＿＿＿＿＿＿＿＿＿＿＿＿＿＿＿＿＿＿＿＿＿＿＿＿＿＿＿＿

2. Visiting Canada (good / be / choice / a / might).

＿＿＿＿＿＿＿＿＿＿＿＿＿＿＿＿＿＿＿＿＿＿＿＿＿＿＿＿＿＿＿＿＿＿＿

3. I like Japanese pop culture (as / manga / such / animation and).

＿＿＿＿＿＿＿＿＿＿＿＿＿＿＿＿＿＿＿＿＿＿＿＿＿＿＿＿＿＿＿＿＿＿＿

🧊 Let's Try!

日本語に合うように（　　　）に入る単語を記入してみましょう。

1. 昨夜、テストのために勉強すべきだった。

　I (　　　　　) (　　　　　) (　　　　　　　) for the test last night.

2. 図書館で彼を見た時、彼は何かを書いていました。

　He (　　　　) (　　　　　　　) something (　　　) I (　　　　　) him in the library.

3. 彼女はスペイン人の友人を持つことでスペイン語を話せるようになった。

　She learned to speak Spanish (　　　　　　) (　　　　　　　) (　　　　　　　) with

　Spanish friends.

4. 今週末のパーティに来ることはできますか。

　(　　　　) you (　　　　) able to (　　　　　) to the party this weekend?

🧊 Brainstorm 自分の New Hobby について、情報を整理していきます。

Step 1 Mind Mapping

例を参考にして、New Hobby に関する自分の情報をマインドマップに整理してみましょう。

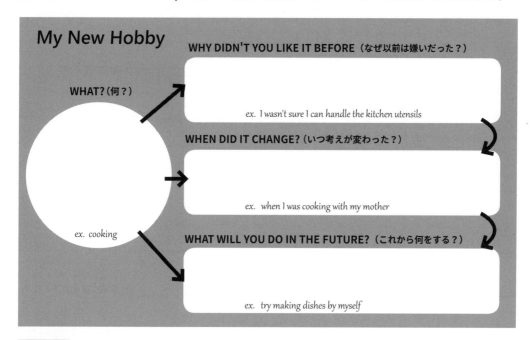

My New Hobby

WHAT? (何?)

ex. cooking

WHY DIDN'T YOU LIKE IT BEFORE (なぜ以前は嫌いだった？)

ex. I wasn't sure I can handle the kitchen utensils

WHEN DID IT CHANGE? (いつ考えが変わった？)

ex. when I was cooking with my mother

WHAT WILL YOU DO IN THE FUTURE? (これから何をする？)

ex. try making dishes by myself

Step 2 Organizing Your Thoughts

Step 1 でまとめた内容を見ながら、以下の質問に答えましょう。

❶ What is your new hobby?

My new hobby is _____.

❷ Why didn't you like this hobby before?

_____

❸ What changed your mind?

_____

❹ What will you do to continue this hobby in the future?

_____

Step 3 Reflection

ペアを組み、Step 2 の❶〜❹の文をお互い声に出して読んでみましょう。聞く側の人は❶〜❹について更に知りたいことを質問してみましょう。やりとりする中で追加したい内容をマインドマップに付け足してください。

 **Write an Essay**

前ページでまとめた内容を活用し、ヒントを参考にしながら下線部を補って自分の New Hobby について書いてみましょう。終わったら CHECKLIST の各項目を満たしているかも確認しましょう。

My New Hobby

I like _____, but I didn't like _____
_{ここと次の下線は同じ「新しい趣味」を入れる。「今は〜が好きだが、昔は嫌いだった」}

_____ before. I

wasn't sure I can _____
_{ここと次の下線で昔は嫌いだった理由を書く。「〜のような…ができるか自信がなかった」}

_____ such as _____

_____. However, when I was _____
_{考えが変わった時、何してた?}

_____, I thought _____ was a lot of fun.
_{新しい趣味}

And I even thought that _____ might become my
_{新しい趣味}

new hobby. I think I will _____.
_{新しい趣味について今後したいことは?}

CHECKLIST

☐ 過去形や過去進行形は含まれているか   ☐ 未来表現は含まれているか

☐ 具体例は含まれているか   ☐ 助動詞は正しく使えているか

● 完成したら、文をクラスの前で発表してみましょう。発表者以外の人はその文を聞いて、問いに答えましょう。

発表者 _____

1. 新しい趣味は何でしたか? [　　　　　　　　　　　　　　　　　　　　　　]

2. 以前は、なぜその趣味が嫌いだったのか?

[　　　　　　　　　　　　　　　　　　　　　　　　　　　　　　　　　　　]

3. その趣味をどう思いますか?　　　　[　　　　　　　　　　　　　　　]

不規則動詞　活用表

本テキストで扱ったものを含め、主な不規則動詞の活用を一覧でまとめましたので、ご参考ください。

原形（意味）	過去形	過去分詞形
am, is（である）	was	been
are（である）	were	been
bear（産む）	bore	borne, born
become（〜になる）	became	become
begin（始める）	began	begun
bite（噛む）	bit	bitten
blow（吹く）	blew	blown
break（壊す）	broke	broken
bring（持ってくる）	brought	brought
build（建てる）	built	built
burn（燃える、燃やす）	burnt, burned	burnt, burned
buy（買う）	bought	bought
catch（つかむ）	caught	caught
choose（選ぶ）	chose	chosen
come（来る）	came	come
cost（費用がかかる）	cost	cost
cut（切る）	cut	cut
do / does（する）	did	done
drink（飲む）	drank	drunk
drive（運転する）	drove	driven
eat（食べる）	ate	eaten
fall（落ちる）	fell	fallen
feel（感じる）	felt	felt
find（見つける）	found	found
get（得る）	got	got, gotten
give（与える）	gave	given
go（行く）	went	gone

grow（成長する）	grew	grown
have / has（持つ）	had	had
hear（聞く）	heard	heard
hit（打つ）	hit	hit
hold（抱く）	held	held
know（知る）	knew	known
lead（導く）	led	led
leave（去る）	left	left
make（作る）	made	made
put（置く）	put	put
read（読む）	read	read
rise（のぼる）	rose	risen
run（走る）	ran	run
say（言う）	said	said
see（見る）	saw	seen
sell（売る）	sold	sold
send（送る）	sent	sent
shine（光る）	shone, shined	shone, shined
shoot（打つ）	shot	shot
sink（沈む）	sank, sunk	sunk, sunken
spend（費やす）	spent	spent
stand（立つ）	stood	stood
take（取る）	took	taken
teach（教える）	taught	taught
tell（話す）	told	told
think（思う）	thought	thought
throw（投げる）	threw	thrown
wear（着る）	wore	worn
win（勝つ）	won	won
write（書く）	wrote	written

62

本書には音声 CD（別売）があります

Easy Writing Output!
ライティングから始める英語アウトプット

2021年1月20日　初版第1刷発行
2023年3月31日　初版第3刷発行

著　者　　鬼 頭 和 也
　　　　　小 倉 雅 明

発行者　　福 岡 正 人
発行所　　株式会社　金 星 堂
（〒101-0051）東京都千代田区神田神保町 3-21
Tel. (03) 3263-3828（営業部）
(03) 3263-3997（編集部）
Fax (03) 3263-0716
http://www.kinsei-do.co.jp

編集担当　長島吉成　　　　　　　　　　　　Printed in Japan
印刷所・製本所／三美印刷株式会社

ISBN978-4-7647-4122-5　C1082